孫と遊んで若返る！
老化予防82の秘密

文・池田紅玉
漫画・太田由紀

集英社

マンガ　孫育て講演会　始まり　の巻

みなさんは
お孫さんが
どのような子に
育ってほしい
ですか？
わたしは
優しい子に育って
ほしいわ
わしは
礼儀正しい子に育って
ほしいなー
わたしは
英語が
得意な子に
なってほしい
わね
なるほど

お孫さんが
そのように
育っていく上で
みなさん自身も一緒に
ステップアップできる
とっておきの方法が
82あるなら
知りたい
ですよね？
えっ!?
それはもちろん
知りたいでーす！
でも…

どうして82個なのですかー？
うふふ
ゴロ合わせで「バーバ」の8と「ジージ」の2で82なのですよ
どっ
なーるほど
それではレッスンスタートです

孫と遊んで若返る！　老化予防82の秘密　もくじ

目次

第4章　3～5歳児と一緒に脳トレ

第5章　小学生と一緒に脳トレ

序章

孫育てが老化予防になる理由

マンガ　はじめまして 孫育て の巻

実は私たち孫ができましてねー
わたしもバーバデビューしちゃったんですよ〜
あらま
この人ったら前はゴロゴロしてばかりだったのに孫ができたらスッカリ早起きになって
おいおいおまえだって…
そう言えば…
ジ〜…

おふたりともなんだかお若くなったような…
言われてみればおまえ肌ツヤ良くなったよな
ヤダ〜♡
そう言うあなただって肌ツルツルになったような…
ヤダ〜♡

これも孫ができた
おかげってことかなー
ワハハ
まー！
うらやましいこと…
でも実は…
うちも もうすぐ
孫が生まれる
のよね
わく
わく
楽しみですね

孫の誕生は、祖父母にとって至上の喜びであることは、今も昔も変わらないでしょう。

最近は昔に比べて子どもの数が少なくなり、その子どもも晩婚化、未婚化が進み、孫に恵まれるのは「奇跡」に近いとまで言われることもあります。その「奇跡の孫」として誕生した孫は、両家にとってはまさに宝で、目に入れても痛くない存在となるでしょう。

孫とどのように関わることができるのかは、お互いの家の距離によってさまざまです。

1．孫と同居　2．二世帯住宅で近くに住む　3．近居（徒歩圏内）

4．自動車、電車、バスなどを使って30分以内　5．日帰りで往復が容易

6．遠くに住む　7．外国にいる

女性の社会進出が進み、最近は子育てをしながら仕事を続ける母親の数が増えています。保育園やベビーシッターさんの助けを借りることもできますが、祖父母のサポートを受けるという選択肢が注目されています。まさに、孫ができたら祖父母の出番です。

祖父母によるサポートは、親にとって安心できる環境が提供され、時間の融通がききやすく、孤立した子育てを避けられるなど、良いことがたくさんあります。

さらに、実は祖父母にとっても、孫育ては、数えきれないほどのメリットがあります。この章では、そのいくつかを見てみましょう。

●運動不足が解消する

祖父母世代の運動不足が問題視されています。
高齢者の運動不足による悪影響には、以下のようなものがあるとも言われています。
1．体力・筋力の低下　2．肥満　3．動脈硬化性疾患　4．膝や腰などの痛み
5．便秘　6．骨粗しょう症　7．癌《がん》　8．抑うつ・うつ病
運動の大切さは頭ではわかっていても、若い頃からの運動習慣がないと、高齢になってから日常生活に適度な運動を取り入れるには、強い意志と覚悟が必要です。

そのような時に孫の世話を始めると、一気に、しかも楽しみながら運動不足が解消されます。孫の世話をしたり、遊びにつきあうということは、頭を使い、体を動かすことに尽きます。さあ、孫と遊んで運動不足を解消しましょう！

●自分の健康に気を配るようになる

初孫を迎える祖父母の年齢は幅広く、早ければ40代、遅いと80歳過ぎという方も珍しくありません。年齢に関係なく、孫ができると、その成長を長く見守りたいと願うのは自然な思いです。そのために、祖父母自身が健康管理の重要性に気づきます。

孫のそばにいて、誕生直後から世話をする場合には、「手洗い、うがい、マスク」を心がけ、風邪《かぜ》を引かないよう注意しましょう。また、規則正しい生活をして、栄養価の高い食事をとることも必要です。ものごとを前向きに捉え、心身ともに健康を維持できれば孫との時間を楽しめます。

孫との楽しい時間を長く過ごすためにも、頑張り過ぎず、無理することなく、自分の健康に配慮することが大切です。

●手先を使う

孫育てにより、祖父母は体全体を使い、運動量が増え、手先を使う機会も増えます。乳幼児期には紙オムツの取り扱いや歯磨き、育児用品の使いこなしが求められます。これらは手先を活用する必要があり、脳の活性化につながります。

孫が少し大きくなると、砂場遊びや粘土遊び、積み木、ジグソーパズルなどで手先を使う機会が増えます。折り紙やお手玉、あやとりなどの昔ながらの遊びも手先の動きを必要とします。

「手は第二の脳」と言われるように、手先を使うことで脳が刺激され、認知症予防や老化防止に効果があります。孫との触れ合いは、心の健康にも良い影響を与えます。

孫のためだけでなく、祖父母自身のためにも手先を動かして、楽しく過ごしましょう。

●孫の笑顔で癒やされる

孫は見ているだけで癒やされます。寝顔やくしゃみ、あくび、泣き顔さえも可愛《かわい》く、その笑顔に、祖父母はメロメロになります。

セラピー犬のように、人に癒やしを与える存在がありますが、「孫セラピー」という言葉があるように、孫は祖父母にとって最高のセラピストでもあるのです。

頻繁に会えなくても、孫のことを思ったり話題にするだけで、祖父母は幸せな気持ちになり、老いの不安や体の不調までが軽減するようです。

孫が遊びに来ると、表情が豊かになって、元気な頃の笑顔が戻ったり、リハビリでは出にくかった言葉が出たりした例も聞かれます。「奇跡の孫」の存在自体が、そして孫と時間を共有することが、老化予防にもなると言われることも納得できます。

●声を出す回数が増える

孫育てをする中で、話すことや声を出す回数が格段に増えます。

小さい子どもに話しかけたり指示を出したりする時、いつもより大きな声を出すことが多くなります。そうした場面では、自然と腹式呼吸ができ、自律神経のバランスが整うとも言われています。また、大きな声を出すことで血流が良くなり、体がポカポカと温かくなり、免疫力がアップする効果も期待できます。

年齢を重ねると口の開きが狭くなります。普段から口を大きく縦に開けて発声練習をしたり、朗読や歌を歌ったり、滑舌を良くする練習をしましょう。

話すだけでなく、本の「読み聞かせ」や「紙芝居」などをする時は、意識的に、はっきり発音するようになります。このような活動は脳を活性化し、老化予防になります。

はっきり発音する➡老化予防になる

●夫婦の会話が増える

孫が生まれると、孫に関する会話が増えて、祖父母間の仲が、より良くなるとも言われています。孫を預かる時はもちろん、孫の世話に関する会話や伝達事項が増え、一緒に協力して行う作業も多くなります。

子育て中は仕事中心であった祖父も、こと孫のことになると、別人のように、あれこれまめに世話をしたりして、孫がいかに可愛い存在かがわかります。また、遠く離れていても、「もう寝返りしたそうよ」とか「そろそろ誕生日だね」といった会話や、送られてくる写真や動画を一緒に観《み》ながらの楽しいやりとりも増えます。

孫の話題が祖父母夫婦の共通の関心事となり、夫婦間のコミュニケーションが活発になることで、理解し合う機会も増え、夫婦としての絆《きずな》がさらに強まります。これが結果的に、夫婦の健康や幸福感の向上につながり、老化予防にもなるのです。

●新しいことを知り、刺激を受ける

祖父母は孫と過ごしたり、電話やパソコンを使って話をすることで、新しい発見や異なる視点、世代間のつながりを感じ、心身ともに刺激を受けます。

また、孫との遊びや会話を通じて、現代の子どもたちの興味や関心事に触れることで、驚くほど先進的な知識や技術に出会うこともあります。

孫の成長に合わせて、祖父母が自身の経験や知恵を伝えることは、過去を静かに振り返り、新たな気づきを得る機会となります。祖父母と孫が互いに影響し合うことで、世代間の架け橋となり得るとは、素晴らしいことです。

孫との交流を通じて、祖父母はさまざまな刺激を受け、その刺激によって、生きる喜びや希望、そして精神的な充実感を得ることができます。

●笑う回数が増える

孫育ては、笑いが絶えない心豊かな毎日を作り出す素晴らしい機会です。孫の無邪気な行動や、予測不能な発言には、心からの笑いが生まれます。いきなり音楽に合わせて踊り出したり、調子っぱずれで歌ったり、おどけた顔を見せたりする孫の姿は微笑《ほほえ》ましく、大声で笑う機会をたくさんもたらしてくれます。

幼児期だけでなく、孫が大きくなっても、一緒に過ごしていると想定外の答えが返ってきて、そのやりとりが笑いを生むことがあります。

よく笑うことで心身ともに緊張がほぐれます。ストレスが軽減し、気分も前向きになります。孫とともに笑い、楽しい時間を共有することで、孫や家族との絆《きずな》も一層深まるでしょう。

●コミュニティが広がる

最近は近所づきあいが減っていますが、孫を連れて散歩や公園、スーパーに行くと、知らない人から話しかけられることが増えます。「可愛《かわい》いですね」、「よく笑うお孫さんですね」など、ポジティブな声をかけられます。このような小さなことでも、祖父母は嬉《うれ》しくて元気が出ます。

また、児童館や子育て支援センター、児童図書館などに足を運ぶと、スタッフや子育て中の若い夫婦、同じように孫育て中の祖父母と触れ合う機会が増えます。これにより、情報を得るだけでなく、笑顔で過ごせる時間が増え、若返った気分にもなれます。

孫を通じて広がるコミュニティは、祖父母の生活に新たな活力をもたらし、心の充実感を高めてくれます。

●孫と触れ合うことでＱＯＬが向上

孫と触れ合うことで生活にメリハリが生まれ、ＱＯＬ（生活の質）が向上することはよく知られています。具体例を挙げてみます。

孫との交流は日常が非日常になります。孫と過ごすことによって、祖父母は体を動かす機会が増え、生活時間が規則正しくなり、自然と心身ともに元気になります。また、怪我《けが》をさせてはいけないという責任感と緊張感が生まれます。頼られていると思うことで自己肯定感が増します。

さらに、孫の無邪気な笑顔や純真な言葉に触れることで、ストレスが軽減され、精神的な安定につながります。これらすべてのことは、祖父母のＱＯＬを向上させます。そしてそのことが、老化予防にもつながるのです。

Quality Of Life
〈生活の質〉の向上

メディアと孫の生活

公園で子どもたちが携帯ゲーム機に夢中になり、電車内で1歳にも満たない子どもがスマホで動画を観ている姿は、もはや珍しくありません。子どもたちは生まれた時からメディアに囲まれて育つのが当たり前の時代です。祖父母世代の子育てとは大きく異なるため、違和感を抱くことがあるかもしれません。

孫が遊びに来た際に、祖父母との会話を楽しむよりも、スマホゲームに何時間も夢中になることも考えられます。そのような時は、注意や批判をしたりせずに、まずは孫の親に、祖父母としてどのように対応してほしいかを尋ねてみると良いでしょう。お互いの考えを理解し、話し合うきっかけになります。

孫はあくまでも子ども夫婦の子どもであることを忘れず、祖父母はサポートに徹することが大切です。

孫育てカルタ

孫を題材に、カルタを作ってみました。いくつかご紹介します。

ありがとう
祖父母《そふぼ》と呼《よ》ばれる
日《ひ》がきたよ

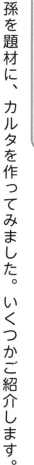

第1章

祖父母だからできること

マンガ　すてきなプレゼント の巻

遊ぼうー
こらこら
わぁ おいしそう
うふふ これだけじゃないのよ
ぐつぐつ
どぉ～～ん
太巻き
煮つけ
唐揚げ
揚げもの
肉団子
うわぁー
マユちゃんのために張り切ったのよ
バーバ！ちょっと張り切りすぎ…
……

お義母《かあ》さん ありがとう ございます
いいのよ 私たちも楽しんで いるのだから
じゃあ あとはわしらに まかせて…
ありがとう 父さん
パパママ いってらっしゃーい
いってらっしゃーい！
ゆっくりしてこい！
よろしく お願いします
マユ、いい子に してろよー

ザ
はぁ～
ふたりでこんなにのんびりできるのは久しぶりだね
うれしいわ
こんな時間をプレゼントしてもらって
ホント感謝ね♡
すてきなバーバとジージですね

待ちに待った「奇跡の孫」の誕生の日から、猛スピードで孫は成長します。孫と一緒に過ごすひとときは、祖父母にとって至福の時ですが、そのような充実した濃い時間を共有できるのは、短い期間とも言えます。

近くに住んで頻繁に孫を預かったり、遊んだりできる祖父母の方も、遠くに住んでいて、なかなか会える機会がない祖父母の方も、工夫をしながら、孫育てを思い切り楽しみたいものです。

現代の育児環境は、昔とは大きく変わりましたが、祖父母はそのことに気《き》後《おく》れする必要はありません。祖父母には長年の経験と知恵があり、これを活《い》かすことで、孫との関係を深め、応援することができます。

この章以下の実践編では、祖父母だからできる、孫と遊んで老化予防になる82

の秘密をご紹介します。

子ども夫婦が日々の忙しさに追われる中、祖父母の出番は多く、果たす役割もいろいろあります。祖父母だからできることは、たくさんあります。単なる子守りにとどまらず、学力や生活習慣を身につけさせたり、遠くにいる場合でも、価値観の伝授など、さまざまな場面で孫の成長をサポートすることができます。

この実践編の中で、祖父母の方が自らの存在の意味を自覚し、孫育てを充実させるヒントを見つけてくだされば嬉《うれ》しいです。そしてそれが、家族全体の幸福度を高める一助となれば幸いです。孫とともに学び、孫が成長する姿を存分に味わい、素晴らしい思い出を作ってください。

①孫にとっては、祖父母の存在が貴重

誰にとっても祖父母が身近な存在であるとは限りません。生まれる前に祖父母が既《すで》に他界していて、会う機会がなかった人もたくさんいます。だからこそ、祖父母が健在で一緒に過ごせて、さまざまな思い出作りができるなら、それは、孫にとって大変貴重なことです。

祖父母の存在は、近くにいても遠くにいても、孫にとって温かく、ほっとする存在です。祖父母は長い人生経験を通じて培った知恵や優しさを持ち、孫に無条件の愛情を注ぎます。この特別な絆《きずな》は、孫にとって心の支えとなり、安心感を与えます。

一緒に遊んだり、お話を聞いたり、手作りの料理を楽しんだりすることで、孫は愛情を感じ、心の成長に大きな影響を受けます。

②甘えさせる

祖父母にとって、孫を甘えさせることは自然なことです。孫にとっても、祖父母の家は心からくつろげる場所であり、そこでの甘えは、心の安らぎを得るために重要です。祖父母の家で一緒に食事やお菓子を楽しんだり、おしゃべりをしたり、好きな遊びをしたり、祖父母に甘えることで、孫は自分を表現し、親とは異なる形の愛情を受け取ることができます。このような経験は、孫の健全な成長につながります。

孫が成長し、親と意見がぶつかった時、祖父母の家を心の避難場所としたり、遠く離れていても、電話などで相談したりすることもできます。

無条件に甘えさせることは、孫との絆を深め、安心感と愛情を育む大切なことです。

③一緒に遊ぶ

肩の力を抜いて、まずは孫と気楽に「楽しむ」ことを心がけましょう。

幼児期には、生活のすべてが遊びであり、学びになります。家の中での簡単な遊びのほか、散歩に出かけたり、買い物で商品を見ることも、「楽しみ」になります。

孫が大きくなると、ボードゲームやトランプで遊ぶこともできます。さらに、孫が夢中になっているゲームがあるなら、逆に教えてもらうことで、新しい遊びを共有する楽しさもあります。対面でなくても、パソコンを使えば遠くにいても一緒に遊ぶことができます。

一緒に遊ぶことで孫との絆が深まり、祖父母も楽しい時間を過ごせます。

④安全な環境を整える

孫を預かる時、一番大切なことは、安全で安心な環境を整えることです。孫の年齢に応じて、怪我《けが》のリスクを減らすための工夫が必要です。特に注意が必要なのは、階段やベランダからの転落事故、はいはい時期の家の中の物の誤嚥《ごえん》、道路への飛び出しによる交通事故、家具や置物を触ることでの怪我、ペットによる事故などです。また、身の回りを清潔に保つことも重要です。定期的に掃除をし、必要に応じて消毒を行いましょう。

食事やおやつの準備でも、注意が必要です。アレルギーの確認を前もって子ども夫婦にしておくこと、食べ物を適切なサイズにカットすることで誤嚥のリスクを減らせます。

安全、安心な環境を整えることで、孫と楽しい時間が共有できます。

⑤本の読み聞かせをする

孫を預かる時、本の「読み聞かせ」をすることは、孫にとっても祖父母にとっても、とても楽しく、心を通わせるひとときになります。

幼児期から「読み聞かせ」を始め、孫が大きくなっても続けるのが理想です。「読み聞かせ」は文字がまだ読めない子どもにとっては、「耳からの読書」となり、本好きな子に育てられます。文字が読めるようになった孫も、「読み聞かせ」をしてもらうのが大好きです。

物語、擬音語を集めた絵本、いろいろなテーマを扱った図鑑なども「読み聞かせ」に良いでしょう。図鑑は、祖父母が適当に言葉を補い、説明したり自分の経験を話したりすると、孫の世界が広がります。適当な本がない場合、学校の教科書を読み聞かせることもできます。たまには、孫に本を読んでもらうのも楽しいものです。

こんな読み聞かせも…

⑥保育園、幼稚園に迎えに行く

孫を保育園、幼稚園に迎えに行くと、満面の笑みで手を振り、喜ぶ姿を見ることができます。そのような時、祖父母は「奇跡の孫」に恵まれた幸運と幸せを実感することでしょう。

帰宅途中に公園で遊んだり、ベンチに座っておやつを食べたり、草木を眺めたり、横断歩道でボタンを押して信号が青になるのを待ったり、歌を歌ったりするのも、すべてが楽しいひとときです。

このような時期はすぐに過ぎてしまいます。孫の成長は早く、祖父母と手をつないで歩く期間も、あっという間に過ぎていきます。未就学の孫がいる人は、孫と過ごすこの時を大切にしましょう。

⑦自己肯定感を育てる

自分のことを理解し、尊重すること（自己肯定感）は、心の健康と成長にとって重要です。祖父母は、豊かな経験と愛情を通じて、孫の自己肯定感を育む大切な役割を果たすことができます。

小さいことでも、孫の努力や成果を認め、「頑張ったね」、「すごいね」とほめることが大切です。孫は自分の努力が評価されることを感じ、自信を持つことができます。

失敗した時も「大丈夫。次はうまくいくわよ」と励ますことで、前向きな姿勢を養うことができます。

孫の個性を尊重することも重要です。孫にはそれぞれ独自の興味や才能があります。それを見つけ出し、励ましてやることが自己肯定感の育成につながります。

⑧部屋に孫家族の写真を飾る

日本人は写真好きなわりに、欧米に比べて家族の写真を自宅や職場に飾る率が低いと言われてきました。しかし最近では、家族写真を自宅のリビングに飾る家庭も増え、その効果として、気持ちが和らぎ、幸せな気持ちになるという話も聞きます。

祖父母もぜひ、自宅に孫家族の写真を飾ってみましょう。毎日写真を見ることで、さまざまな思い出がよみがえり、温かで幸せな気持ちになるはずです。また、孫が遊びに来た時に、自分の写真が飾ってあると、愛され、大事にされていると感じるでしょう。

孫の親、つまり祖父母の子どもの写真を飾るのも、孫にとって嬉しいことです。これは、家族を大切にするという気持ちの表れでもあります。

リビングに…
寝室に…
廊下に…

⑨背中を見せる

孫にとって、祖父母の存在は、生き方や価値観を学ぶ上で非常に重要です。孫は祖父母の行動や態度を通して多くを学びます。祖父母が勤勉であれば、孫も努力の大切さを学べます。

特別に良いところを見せる必要はありません。普段通りに物を大切にするとか、ゴミをきちんと分別するとか、何気ない日常を孫は見ています。いつも近所の人にあいさつをしていれば、真似《まね》をしてあいさつするようになります。

健康に気を使い運動を続ける姿を見せることで、孫は健康の大切さや運動の習慣を自然と身につけます。祖父母の「背中を見せる」ことで、孫は生き方を学びます。

⑩ 一緒に喜ぶ

子どもは感受性が強く、小さなことにも興味を示し、驚き、そして喜びを感じます。たとえば、「ねえ見て！　アリさんがいる！」といったような時、祖父母は、「あら、本当ね。アリさんがたくさんいるわねー。ほら、穴に入って行くわ」と少し大袈裟《おおげさ》に孫と一緒に喜ぶことが大切です。

大人が一緒に喜び、反応することで、子どもは明るい気持ちになり、自信をつけます。

大きくなってからも、孫の成長に対して、たとえ小さなことでも祖父母が喜びを表すことで、孫はやる気が増し、祖父母の喜ぶ姿を見たくて頑張るようになります。

孫と一緒に、思い切り喜びを表しましょう。

⑪体験談を話す

祖父母の体験談を聞くことは、孫にとって非常に貴重な経験になります。歴史の本を読むことにも負けないくらいです。

自分の若い頃の経験や、親や祖父母から聞いた話を孫に伝えることで、孫は時代の変化や生活の移り変わりを実感し、自らのルーツを深く理解することができます。

また、仕事や私生活でのさまざまな経験や失敗のエピソードを具体的に話すことで、孫に貴重な教訓を提供できます。体験談を聞きながら孫が質問してくるかもしれません。感想を聞かせてくれることもあるでしょう。そうして双方向の対話も生まれ、有意義な時間が過ごせます。

⑫遠くから見守る

孫の近くにいて、頻繁に顔を見たり、預かって世話をすることは、自分の子育てを振り返る良い機会となります。

しかし、同居することや近くに住んでいることが必ずしも最善というわけではありません。遠くに住んでいても孫家族の幸せや安全を願い、静かに見守ることはできるのです。

現代では、携帯電話やパソコンなどを使って、簡単にお互いの顔を見ながら会話することができます。顔を見ながらの触れ合いは貴重でわくわくするものですから、ぜひ活用したいものです。

また、手紙のやりとりや電話で声を聞くだけでも絆を感じられます。子ども夫婦や孫の都合に合わせて、気軽に連絡を取り合い、お互いの近況を知るようにしましょう。

⑬異なる価値観を伝える

現代社会では、多様な価値観が共存しています。祖父母世代と比べて、外国の文化と接する機会が格段に増えました。孫が将来、そのような社会に柔軟に対応できるためには、自分とは異なる価値観を理解し、尊重する姿勢が必要です。

祖父母は孫に、異なる価値観を伝える重要な役割を果たします。

たとえば、地域活動やボランティアに参加し、他人を尊重する姿を見せることで、孫に寛容さを育むことができます。また、異文化のイベントに参加することも効果的です。さまざまな背景を持つ人々と交流する姿を見せることで、孫に多様性を理解する力をつけさせることができます。いわゆる、昭和世代と言われる考え方を話して聞かせるだけでも良いでしょう。

多様な価値観は視野を広げ、豊かな人生を送るための基盤を築くことができます。

⑭お誕生日を覚えている

誕生日を祝ってもらうことは、いつの時代も、年齢に関係なく嬉しいものです。孫にとっても、年に1回の楽しみの日になり、思い出に残ります。

孫の家での誕生会に招かれることもあるでしょう。そのような時、大袈裟なプレゼントを用意する必要はありません。自筆のメッセージを書いた誕生日カードを渡したり、手作りの料理やお菓子を持参したり、祖父母が伝えたい内容が書いてある絵本や書籍も最高のプレゼントになるでしょう。

ただし、思わぬトラブルを避けるために、プレゼントを用意する前に、既に持っていないか、禁止されている物ではないかなどを、子ども夫婦にリサーチした方が良いでしょう。

⑮本物を見せる

現代は、ＳＮＳ（インターネット上で交流できるサービス）やＶＲ（仮想空間を体験する技術）の発達が目覚ましいです。実際にその場に行ったり触ったりしなくても、まるで本当に体験したような感覚になれる、祖父母世代には驚きの技術です。だからこそ、若い世代には仮想体験だけでなく、本物の体験が重要になります。

実物に触れる経験は、孫の好奇心と学びへの意欲を刺激します。道端の花や昆虫に触れたり、スーパーで野菜や果物、魚を見たりすることで、自然や食材への興味が育ちます。祖父母と一緒に家庭菜園や料理をすることも、学びが多い経験です。また、伝統技術や工芸を見学したり、スポーツ観戦や音楽鑑賞は、現地に行って本物を見ることで、画面で観《み》ているだけでは得られない感動があるでしょう。

本物を見る経験
自然を見る
お買い物
鮮魚
青果
家庭菜園
ものづくり体験

⑯手作りのものを食べさせる

最近は、便利で美味《おい》しいレトルトの離乳食や冷凍食品が多く、昔の子育て世代は驚くことが多いです。両親ともに働く家庭が増えたため、子どもの食事をそれらに頼ることが多くなったのもうなずけます。

このような時代こそ、祖父母の出番です。食事やおやつを手作りすることで孫との絆も深まり、楽しい食事の時間を共有できます。

季節の食材を使った料理や伝統的な家庭料理を作ることで、孫に食文化を伝えることができます。また、野菜を一緒に洗ったり切ったりする簡単なお手伝いを通じて、孫は食材の大切さや料理の楽しさを知ります。手作りの食事を通じて、孫に健康的な食習慣を身につけさせることもできます。

⑰ 孫の話を聞く

祖父母はゆったりした気持ちで、孫の話を聞くことが大切です。忙しい親は、子どもがいろいろ話しかけても、相手をする余裕がないこともあります。そのような時、親に代わってゆっくり話を聞いてやりましょう。

幼少期は、何を言っているのか聞き取れなかったり、理解が難しいこともありますが、目を合わせて聞く姿勢を孫に見せることが重要です。そうすることで、孫は話すことに前向きになります。祖父母が静かに耳を傾けることで、孫に安心感を与えられます。

自分の意思をはっきり伝える練習になるので、将来のコミュニケーション能力の向上にもつながります。新しい環境でお友だちを作る時や、仕事をする上でも必要な、生涯役に立つ、大切なスキルです。

⑱文化を伝える

祖父母は孫に、家庭の伝統や地域の文化を伝える重要な役割を担っています。季節ごとの行事や家庭の習慣など、祖父母と過ごすことで、孫は自然に日本の文化や伝統行事に親しみ、興味を深めることができます。四季折々の遊びや手仕事を教えることも、孫にとって新鮮で楽しい体験となるでしょう。

文化の伝承は、単なる知識の共有だけでなく、心の豊かさを育む大切な役割を果たします。祖父母から孫へと受け継がれる文化は、孫にとって生涯の宝となり、家族の絆をより深めるものとなるでしょう。

多様な価値観は視野を広げ、豊かな人生を送るための基盤を築くことができます。

⑲子ども夫婦に時間をプレゼントする

子ども夫婦は忙しい中、必死に子育てをしています。若いとはいえ、体調を崩さず明るい笑顔で頑張るには、周囲の理解と温かな配慮が大切です。

子ども夫婦への一番のプレゼントは、物ではなく時間です。孫を預かって自由な時間を作ってやりましょう。たまには、子ども夫婦だけで、外出する提案をしてみると喜ばれます。余裕がある場合は、泊まりで孫を預かるのも良いアイディアです。夫婦でゆっくり過ごすことで、明日への活力を蓄えることができます。「孫育て」は共同作業です。家族全員が協力して、孫にとっての最高の環境を作りましょう。それこそが「奇跡の孫」を育てるための秘訣《ひけつ》です。

⑳孫の意見や興味に共感する

成長期にある孫は、しっかりしているように見えても、常に迷いの日々を送るものです。自分の意見や興味が正しいのか、他人から見ておかしくないのかと、悶々《もんもん》とすることもあります。

そのような時、祖父母が孫の意見や興味に共感し、受け入れることが大切です。孫が話すことに耳を傾け、「それは面白い考えだね」、「そういうことに興味があるのは素晴らしいことだね」といった肯定的な反応を示すことで、孫は自分の感情や考えが尊重されていると感じ、自信を持つことができます。

祖父母の無償の愛、理解と共感は、孫が自分の道を見つける手助けとなり、安心感を与える大きな支えとなります。

非認知能力とは

「非認知能力」という言葉があります。学力テストの点数や偏差値のように、数値で測れる能力を「認知能力」と呼ぶのに対し、コミュニケーション力やものごとの考え方、困った時にどう対応するかなど、数値で表せない能力が「非認知能力」です。社会で生き抜くには、認知能力より非認知能力の方が大切で、特に幼児期に伸ばすことが重要だと考えられています。

非認知能力を伸ばすには、好きなことを夢中でやる、お友だちと仲良くする、少し難しいことでもあきらめずに工夫してやる、などが役立ちます。

大人ができるサポートとしては、手を貸し過ぎない、結果だけでなく努力した過程をほめる、わからないことを一緒に考える、などがあります。親よりも祖父母の方が、孫の非認知能力を育てられそうですね。

孫育てカルタ

孫を題材に、カルタを作ってみました。いくつかご紹介します。

これ買《か》って
断《ことわ》り切《き》れぬ
祖父母《そふぼ》かな

第2章

気をつけて！　孫育てNG集

マンガ 祖父母の子育て相談 の巻

本人がやりたいならやらせればいいいさ
チャレンジはいいことだ！
おと～さん、あっちゃんにはちょー甘ーい
ホントあなたったら孫に対しては寛大なのねぇ
ふふん
わしらがオロオロしてもみっともないだけだろー
わっはっは
ハイハイ

数日後…
あっちゃんにサッカーボール送ってやったけど
そわそわ
喜んでいるかなぁ…
ちょっと連絡してみるか
おやめなさい
あの子たちも忙しいのだから
週末まで待ちましょう
おっ
そう言っていたら連絡がー
ピロポロ～

はぁぁ…
あっちゃんたら今度は将来プロ棋士になるって言い出したのよ
えええええええ
オーマイガーッ
わし将棋なんてやったことない！
あっちゃんのために将棋覚えなくっちゃ！
オロオロ
ーったくいい歳してみっともない
うふふがんばって

第1章で簡単に述べたように、孫育ては祖父母にとっても、数えきれないほどのメリットがあり、やり甲斐《がい》のあることと言えます。

「奇跡の孫」としてこの世に生をうけた孫は、両家にとっての宝物です。そのため、祖父母は良かれと思って、あれこれと先走り、前のめりになってしまうことがあります。

祖父母は両家にいます。ですから、相手方(嫁や婿)の祖父母夫婦の存在を常に尊重することが大切です。

価値観、生活スタイル、年齢、健康状態、経済状況、行事に対する姿勢、きょうだいの有無など、さまざまな状況が両家で異なるため、祖父母は両家のバランスに注意を払う必要があります。

スマートにつきあうためには、相手方の状況や考え方に理解を示し、柔軟な対応を心がけることが大切です。

第2章では、孫育てのNG集として、「これだけは気をつけよう」という点をまとめました。

孫育てには無限の方法があります。そして、それぞれの家族にふさわしいやり方があります。

子ども夫婦が孤立した子育てを避けられるように、孫がのびのびと育つように、祖父母は子ども夫婦を応援し続けたいものです。

この章を参考にして、年の功を発揮して適切な行動を取ることで、孫育てにおいて、より良い結果が得られるでしょう。

㉑先走って口を出さない

育児の主役は常に子ども夫婦です。祖父母はサポート役であることを忘れず、子ども夫婦を、温かく見守ることが大切です。

特に娘の孫だと遠慮がなくなり、つい手や口を出しがちです。婿やその親の存在も意識しながら、上手にサポートしましょう。大勢の人との関わりと応援があってこそ、孫の健やかな成長が望めます。

子育てに関するアドバイスを求められた際には、柔らかい言い回しを心がけ、少し距離を置くと良いでしょう。親は経験を積むことによって成長します。良き相談相手となり、過度な干渉を避ければ、四方うまくいくものです。

㉒昔の子育て法を押し付けない

医学の進歩や子育て環境の変化により、育児の常識や考え方は大きく変わっています。現代では、より良い育児法が日々更新されています。

まず、祖父母は子ども夫婦に対して、孫にどう接してほしいのか、何を期待しているのかを尋ね、彼らの意見や方針を尊重しましょう。

祖父母が子育てをしていた時代の常識が、今では非常識とされることも少なくありません。たとえば、かつては推奨されていたうつぶせ寝は、現在では避けるべきとされています。また、抱き癖は気にしないことや、虫歯予防のために、祖父母が使った箸やスプーンで孫に食事を与えないようにするなど、多くの点で変化があります。

子ども夫婦とのコミュニケーションを大切にし、家族全体の幸福度を高めましょう。

㉓孫の性別を話題にしない

祖父母の時代には「跡取りの男の子が生まれて良かった」とか「女の子はやがて嫁に行くから〜」といった会話が日常的に聞かれました。しかし、現代では孫の性別について話題にするのは避けるべきです。性別に関する固定観念が変わり、多様性が尊重されているからです。

性別に基づく期待や役割を押し付けることは、子ども夫婦や孫に精神的な負担をかけ、祖父母への不信感につながる恐れがあります。「女の子だからおしとやかにしなさい」や「男の子だから逞《たくま》しく、スポーツを」といったコメントも控えましょう。

孫が自分のペースで成長し、さまざまな可能性を広げられるように、祖父母は性別にとらわれず孫を愛し、支える姿勢を持つことが大切です。

㉔孫疲れにならない

「孫は来て良し、帰って良し」と昔から言われますが、遠くに住む孫が長期間泊まりに来ると、慣れていない祖父母は疲れ果ててしまいます。

日常的に孫を預かっている祖父母でも、孫の成長とともに、体力の消耗が激しくなります。「孫疲れ」や「孫バテ」、さらには「孫ブルー」という言葉も存在します。

孫の世話は楽しい反面、非常に疲れるものです。孫を預かる際、疲れがたまったら、お手伝いさんやベビーシッターさんを単発で頼むのも一つの方法です。無理をせず、子ども夫婦と相談しながら進めることも大切です。

自分の健康と体力を最優先に考え、無理のない範囲で孫との時間を楽しみましょう。

㉕よその孫と比べない

他人の家族や孫と比較することは、子ども夫婦との関係を損ねる可能性があります。「○○さんのお孫さんは、もう○○ができるらしい」、「○○さんの家は私立の小学校受験をするらしい」といった話題や比較は控えましょう。孫同士や、子ども夫婦の兄弟姉妹の子どもとの比較も避けるべきです。

孫それぞれに成長のペースがあります。祖父母は孫を無条件に愛し、その成長を喜ぶことが大切です。もし子ども夫婦がほかの子と自分の子を比較した場合は、「よそはよそ。林檎《りんご》と蜜柑《みかん》は違うからね」と、穏やかにたしなめましょう。

比較は、孫の自己肯定感や自信に悪影響を与える可能性があります。孫の個性や成長過程を尊重し、他人と比較しないことが大切です。

㉖便利な物ばかりを利用しない

現代の育児には、便利な物が数多くあります。多種多様なレトルト食品や冷凍食品、工夫されたオムツやお世話道具、電子おもちゃなどがその例です。

これらは孫育てにおいて強力な味方ですが、頼り過ぎると味気なくなり、出費も増えます。手作りの食事を提供することで、孫に新鮮で栄養価の高い食事を与えられ、一緒に食事をする時間を楽しめます。また、テレビやゲーム機に頼らず、一緒に遊んだり、本を読んだり、おしゃべりをすることで、孫との絆《きずな》が深まります。

便利な物を使いつつも、同時に愛情を込めて手作りしたり、対面で関わる大切さも忘れないことで、孫との関係をより豊かにできます。

㉗子ども夫婦に負担をかけない

子ども夫婦に、孫を携帯電話で撮影して送ってもらったり、パソコンで孫の顔を見ながら話すことで、遠くに住む祖父母も、孫の日々の様子や成長を身近に感じられます。本当に便利な世の中になりました。

しかし、これをあまり頻繁に求めてしまうと、子ども夫婦にとってはストレスになります。相手の状況を考慮し、無理に求めないようにしましょう。また、生活スタイルも違うことがあるので、連絡を取る時間にも配慮が必要です。

写真や動画で、可愛《かわい》い孫の様子を楽しむ際は、適度なペースを心がけましょう。現代の技術を活用しつつ、子ども夫婦の負担を減らすことで、家族全体の関係が円滑になります。

便利な世の中
おはよ～バーバ
ジージ元気～
でも毎日のように送るのはパパとママが大変…
適度なペースを心がけてね

㉘孫同士で扱いを変えない

内孫、外孫、初孫など、孫と言ってもいろいろな呼び名があります。もちろん、どの孫も祖父母にとってはかけがえのない存在です。孫同士では、扱いを変えないことが大切です。

しかし、初孫と最後の孫の誕生の年が離れていると、祖父母の状況も変化します。体力や経済状況も変わり、それによって孫にしてやれることが変わってきます。健康上の理由で、さまざまな行事に参加できなくなることもあるでしょう。

孫への贈り物については、誰に何を、いくら渡したかを忘れがちです。ノートに記録しておきましょう。内容や額に差があると、きょうだいやいとこ間で誤解が生じることがあります。この点に注意し、すべての孫を公平に扱うことが大切です。

㉙孫破産にならない

孫は理屈なく可愛く、祖父母は何でもしてやりたくなります。しかし、遠くから来た孫たち家族との外食や、お小遣いが頻繁になれば、長期的には、かなりの出費になります。日常的に孫を預かる場合も、食費やおやつ代がかさむと、大きな負担になります。

このような出費が長期間続くと、祖父母の経済状況に影響を与え、「孫破産」や「老後破産」のリスクも出てきます。

人生百年と言われる中、特に複数の孫がいる場合、祝い事やお年玉などの出費が、貯金を圧迫する可能性があります。

子や孫を大切にする気持ちは理解できますが、将来の生活にも配慮した節度あるお金の使い方を心がけましょう。

㉚焦らない

子育て中の親はサポートがあっても、迷いと焦りがつきものです。子ども夫婦が時間に追われている時や、孫を急《せ》かし過ぎている時に、ブレーキを踏めるのは、人生経験が豊富な祖父母です。

余裕を持って孫育てを楽しんでいる祖父母の姿が、子ども夫婦に安心感を与えます。もちろん、祖父母も、孫育てで迷うことがあります。育児の常識や考え方は常に変化しているため、自分が世の中の流れについていけていないと感じて焦ってしまいそうになることもあるでしょう。しかし、ブレーキ役の祖父母があわてていけません。自分の経験を信じて、ゆったりした気持ちで、笑顔を絶やさずに孫に接することが大切です。

迷いと焦り

大変！
早く早く！
もぉ〜わからないよ〜
どっちにするのよ〜
え〜
英語A
英語B
なんとかなるから
大丈夫よ〜
どーんとかまえましょう！

インターナショナルスクールのこと

子どもには、早いうちから英語が上手になってほしいと考える親が増えました。多様な国の子どもが在籍するインターナショナルスクールの幼稚園や保育園への入園希望者も増加しています。

二言語を使いこなせる人を「バイリンガル」と呼びます。インターナショナルスクールに通うと、自然に「英語と日本語のバイリンガル」になれると考える方もいますが、それは違います。二言語を同じレベルに到達させるのは、並大抵のことではありません。これは本人の言語習得能力だけでなく、家庭環境や親の姿勢が大きく関係します。学校だけでは身につかないのです。

英語を学ぶには、焦ってはいけません。ゆったりとした気分で、楽しみながら継続する、それが英語上達の近道です。

孫育てカルタ

孫を題材に、カルタを作ってみました。いくつかご紹介します。

小《ちい》さき手《て》で
肩《かた》をとんとん
消《き》える肩《かた》こり

第3章

0～2歳児と一緒に脳トレ

マンガ　北風はピューピュー　の巻

そろそろ
おやつの時間に
しましょうか
わーーい
プリンは
プルプル
しているね
プルプル〜〜〜
じゃあ
マシュマロは?
ふわっふわ〜〜〜

キウイフルーツは
どんな感じかな？
ザラザラ～
パイナップルはトゲトゲだね
トゲトゲ～
よし他に何かないかな
ドン
バシャー

ジージ
びしゃびしゃ
あはは
ホントだね
エライ
エライ
てッ
エライこっちゃ
ちょっとッ！
ジージが
ついていながら
何やってんのッ！
わな
わな
バーバはガミガミ
ジージはブルブル
あらあら…

第3章と第4章では、祖父母が主に室内で、孫と一緒に楽しみながら脳トレできる方法を孫の年齢別にご紹介します。

シニア世代になると、自発的に運動をしたり、手先を使う作業や脳トレを行うのは、億劫《おっくう》に感じがちです。しかし、「奇跡の孫」と一緒なら楽しく実践でき、自然と頭がスッキリし、体の可動域も広がる可能性があります。

本書では、孫と一緒に行う遊びを、以下の4つの分野に分けています。

1. 体・手先・指先を動かす（㉛〜㉞、㊷〜㊻）

2. 言葉（日本語）の発達を促す（㉟〜㊳、57〜60）

3. 言葉（英語）の発達を促す（㊴、61）

4. 数を学ぶ（㊵㊶、62 63）

以下の章でご紹介する遊びや活動は、ほんの一例に過ぎません。0歳児と3歳児ではできることが異なり、幼児期は特に発達の個人差が大きいものです。人生経験が豊富な祖父母の方は、ここでご紹介する遊びや活動以外にも、さまざまな遊びを思いつかれることでしょう。それらも取り入れて、無理のない範囲で孫と遊びながら若返り、「老化予防」に努めましょう。子どもにとって、遊びは学びです。

㉛粘土・積み木遊び

★粘土遊び：粘土をこねたり、指で穴を開けたり、手形を押したり、棒状にしたりする遊びが、小さい子は大好きです。手のひらでクルクル回して作る粘土玉は、幼い子でもできます。粘土は、食品や自然由来の原材料を使用している安全な物を選びましょう。

★積み木遊び：積み木を積み上げて崩すことが楽しい時期には、孫の自主性に任せて、自由に遊ばせましょう。時には祖父母も一緒に遊ぶのも楽しいものです。

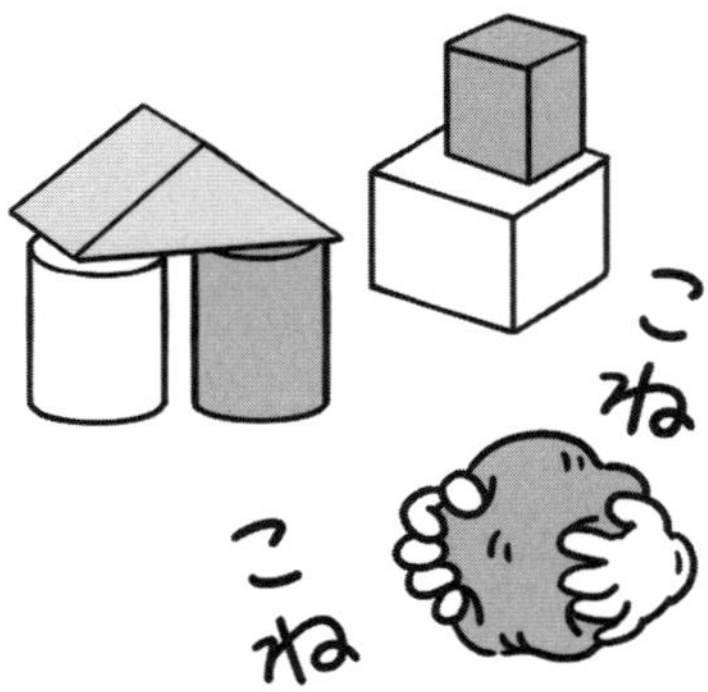

㉜ 簡単にできる遊び

★グーパー遊び：手を「グーパー・グーパー」と閉じたり開いたり、「むすんでひらいて」の歌に合わせて、孫と一緒に手や腕を大きく動かしましょう。

★ぐちゃぐちゃビリビリ遊び：新聞紙やチラシを使って、丸めたり、棒を作ったり、瓶やトイレットペーパーの芯に詰める遊びです。紙をビリビリ破ると、破った時の音も楽しめます。

㉝指先センサー遊び

さまざまな物を指先で触らせ、その異なる触感を感じる遊びです。たとえば毛布、枕、スポンジ、石、ガラス戸、鍵、プラスチックのおもちゃ、ぬいぐるみ、木のブロック、葉っぱ、キウイフルーツ、金属のスプーン、紙やすり、粘土など、すべてが学びの教材です。指先センサー遊びは、家の中でも外でも楽しくできます。

触りながら、「ふわふわね」「ざらざらね」「とげとげね」「つるつるね」など、日本語特有の言葉を教えることもできます。子どもは楽しみながら、触覚を鍛えることができます。

㉞手を使う遊び

★ねじる・回す遊び：お気に入りの物を瓶に入れて、ねじって蓋《ふた》を閉めたり開けたりする遊びは、子どもを夢中にさせます。大人が開けた後のペットボトルの蓋を回してはずしたり、閉めたりするのは、面白いだけでなく指先の良いトレーニングになります。

★お手玉つまみ：お手玉を手全体でつかむのではなく、親指と人差し指でつまみ、上に持ち上げてから下に落とすことを繰り返す遊びです。右手と左手の両方で挑戦しましょう。

㉟音を真似する遊び

動物の鳴き声や救急車のサイレンなど、身近な音を真似《まね》する遊びです。たとえば、「ワンワン」、「ニャーン」、救急車の「ピーポーピーポー」など、孫がよく耳にする音から始めると良いでしょう。雷や花火、インターホンや電話の呼び出し音なども、孫が興味を持ちます。

祖父母が先に音を出し、その後に孫に真似させると楽しい遊びに発展します。

孫が自分で新しい音を見つけて真似した場合は、ほめて励まし、遊びの幅を広げてやりましょう。

㊱絵本の読み聞かせ

0〜3歳児に絵本を読み聞かせる時のコツをいくつか挙げてみます。

★滑舌《かつぜつ》に気をつけて、大きな声でゆっくり読みましょう。
★擬音語が多い楽しい絵本から始め、次第に物語性のある絵本に移行しましょう。
★祖父母自身が声に出して読んで楽しいと感じた絵本を選び、迷ったら、図書館などで年齢に合った絵本を勧めてもらうと良いでしょう。
★上手かどうかを気にしないで、登場人物の声に変化をつけましょう。
★リズミカルに楽しそうに読みましょう。祖父母が楽しそうにしている姿は、孫にとって嬉《うれ》しいものです。

㊲簡単な歌を一緒に歌う

散歩、お風呂、遊びの時間など、日常の中で気軽に歌を取り入れましょう。

★孫が覚えやすい、リズミカルで短い歌から始めましょう。たとえば、「ぞうさん」「ちょうちょう」「シャボン玉」「かえるのうた」「ひらいたひらいた」など。

★孫が好きな歌を一緒に歌いましょう。繰り返すことで、言葉の習得が早まります。

★テレビやDVDなどで歌を聞いて真似ると、楽しく歌えます。

歌うことは、孫と祖父母の絆《きずな》を深める素晴らしい方法です。一緒に歌いながら、楽しい時間を共有すると、気分もスッキリします。

㊳手遊び歌で遊ぶ

昔遊んだ簡単な手遊び歌を、孫と一緒にやってみましょう。よく覚えていなかったり、あやふやな場合は、テレビやDVDなどで手遊び歌の動画を観て、真似してみましょう。その際、動作を大きくゆっくりすることで、孫も一緒にできるようになります。また、歌いながら動作をつけることで楽しさが増し、孫の集中力も高まります。

たとえば「いとまきのうた」では、「できたできた」の後に、靴やボウシのほか、孫が喜びそうな物を入れて歌うと喜びます。「あがりめ　さがりめ」「いっぽんばしこちょこちょ」「手をたたきましょう」「ずいずいずっころばし」なども楽しく遊べます。

㊴英語の歌や物語を遊びに取り入れる

ラジオ、テレビ、CDやDVDなどをかけて、英語の歌や物語を孫と一緒に聞き、発音や動きを真似ると楽しめます。上手にやる必要はありません。楽しく遊ぶつもりでやってみてください。

★歌なら、簡単でリズミカルな英語の歌から始めてみましょう。たとえば、「Twinkle《トゥインクル》, Twinkle《トゥインクル》, Little《リトル》 Star《スター》（きらきら星）」などは歌いやすく、子どもに人気です。

★英語の物語を一緒に観ることで、自然に英語や外国の雰囲気に親しめます。

★QRコードから英語の音を聞いたり、絵本の絵に特別なペンを当てると発音を聞くことができるものもあります。書店や図書館で探してみてください。

㊵ 10までを数える遊び

1から10まで、数を順番に言う遊びです。孫と一緒に歩きながら、お風呂に浸《っ》かりながら、階段を上りながら、ブランコに乗りながら、1、2、3と数えます。最初は3までから始めます。だんだん増やして、10までを目指しましょう。笑顔で、大きくはっきりした声で数えましょう。ほかにも、次のような遊び方もできます。

★散歩でどんぐりを拾って、並べながら数える。
★お皿に10個のお菓子を入れて、孫と一緒に数えてから食べる。
★数の絵本を見ながら、絵に描かれている物を数える。
★積み木を1、2、3と言いながら1つずつ積み上げ、10まで数える。

㊶ 数を使ったゲーム

★玉入れ：お手玉を大きめのかごや箱に入れるゲームです。「1」とはっきり言ってから、かごに投げ入れます。次に「2」と言って、お手玉を1つ投げ入れます。孫と一緒にお手玉の数だけ行います。

★パンパンゲーム：祖父母が「1」と言ったら、孫が「1」と大きな声で繰り返し、1回手をたたきます。10までの数で行います。

★いくつか当てようゲーム：片方の手に小さい物を入れ、まず「どっちに入っているかな?」と言い、合っていたら、「いくつ入っているかな?」と数を言わせ、「本当はいくつか数えましょう」と孫と一緒に数えます。当たっていたら大袈裟《おおげさ》でも構わないので、しっかりとほめましょう。

プログラミング教育を知る

「プログラミング教育」という言葉を耳にしたことがありますか。子どもたちが「情報活用能力」を身につけることを目的として、現代では小学校から高校まで幅広く導入されている基本的な概念です。学校で、論理的思考や問題解決力を育むことが重視されているのです。

具体例としては、授業は先生が教室の前に立って説明するだけではなく、生徒たちがグループで話し合ったり、研究の発表をしたりします。また、テストは、暗記しているかどうかをみるのではなく、考えて答えるような問題が出されます。

祖父母が新しい教育のすべてを理解する必要はありませんが、孫が学校でどのようなことを学んでいるかを聞いてみてはいかがでしょうか。楽しい発見があるかもしれません。

孫育てカルタ

孫を題材に、カルタを作ってみました。いくつかご紹介します。

にくめない
あっかんべえを
されたとて

第4章

3～5歳児と一緒に脳トレ

マンガ　楽しい英語遊び の巻

ピンポーン!!
大正解~
今度はわたしもやりたーい
ニャ~ニャ~
カワイー
Cat
(ネコ)
ワハハ
ねえ
英語の歌を一緒に歌いましょう

はぁー
お喉《のど》
カラカラ
バーバも
何か飲み物
持ってくるわね
じゃあ
わたしはー
Orange
juice
（オレンジジュース）
OK
（オーケー）

ジージは？
わ　わしは
そうだなぁ
Iced tea
（アイスティー）
が飲みたいな
ハニー♡
エヘヘ
まッ　ハニー
だなんて…
初めて言われた…
わかったわ
マイダーリン♡
あれぇ〜
ジージとバーバ、
顔まっかっかー
Why?
英語は楽しく
やりましょう

㊷片足立ち遊び

片足立ちは、孫にとっても祖父母にとっても、最初はかなり難しいのですが、できるようになると面白く、徐々に片足で立っていられる時間が長くなります。ゲーム感覚で何秒できるかをタイマーではかって記録すると、楽しく挑戦できます。左右それぞれの足で試してみると、左右差にも気がつくことでしょう。

片足でケンケンしながら前に進めるかも試してみましょう。昔、祖父母が戸外や体育館でよくなさった「ケンケンパー」の遊びも、できるようになると盛り上がります。

㊸雑巾がけ遊び

★雑巾を絞る：雑巾を水に浸《ひた》し、半分に折り、強くねじって絞ることをやってみせます。幼児期に雑巾を絞る機会はあまりないので、まさしく祖父母の出番です。祖父母自身の握力、手・腕の力を鍛える練習にもなるので、一緒に楽しむと良いでしょう。

★雑巾がけに挑戦：雑巾を絞った後に、雑巾に体重をのせ、お尻を高くして、床の雑巾がけの練習をしましょう。

㊹後ろ向きに歩く遊び

室内で後ろ向き歩行に挑戦してみましょう。畳のヘリを利用して、最初は孫と手をつないで、ゆっくり後ろに歩かせます。和室がなければ、洋室に紐《ひも》やリボンをまっすぐ伸ばして置き、紐をはさむように足を置いて歩かせたり、紐の上を後ろ向きに歩かせましょう。

後ろ向きで歩くことで、後方への意識が強くなり、足の指先への集中力が増します。まわりに段差や危ない物がないことを確認してからやりましょう。

㊺ボウリングや輪投げ遊び

★室内でできる簡単なボウリングは、ペットボトルとガムテープで楽しめます。最初はガムテープを上手に転がす練習をします。目的の場所に転がすことができるようになったら、ガムテープをボウリングのボールに見立てて転がして、空のペットボトルを倒します。

★輪投げもペットボトルを使って楽しめます。輪投げの輪っかは、新聞紙やチラシで作ります。軽くて柔らかいので、テープでとめて輪を作るのも簡単で、安全に遊べます。

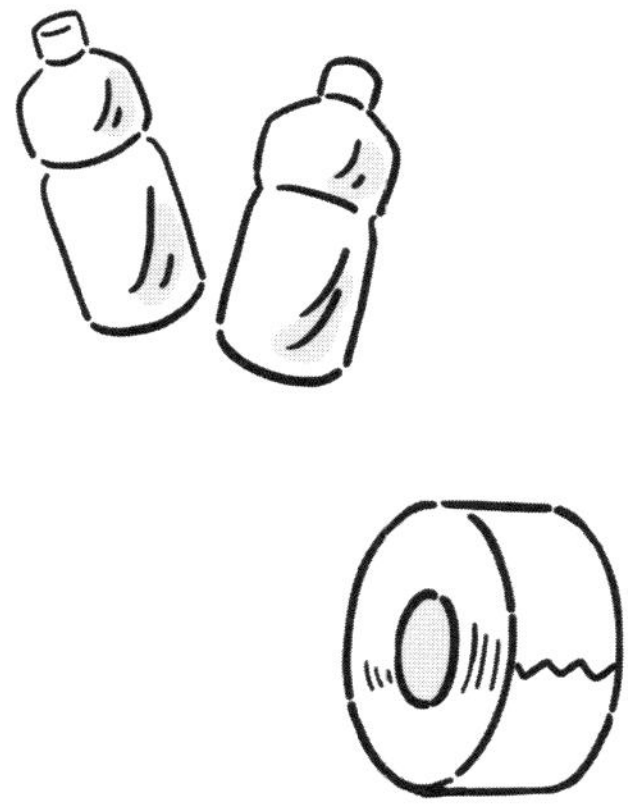

㊻タオル遊び

★タオルをたたんで頭にのせ、目を閉じて祖父母の立っている所に行く遊び：祖父母は手をたたいたり、何かを使って音を出して、孫が簡単に進めるようにしましょう。

★タオル釣り：タオルを床に置き、足の親指と人差し指でつかんで少し持ち上げられるか試してみましょう。

★タオルギャザー：椅子に座って両足を縦に置いたタオルの上にのせ、10本の指でタオルを引き寄せる遊びです。老化予防にもなります。立ってやるのもおススメです。

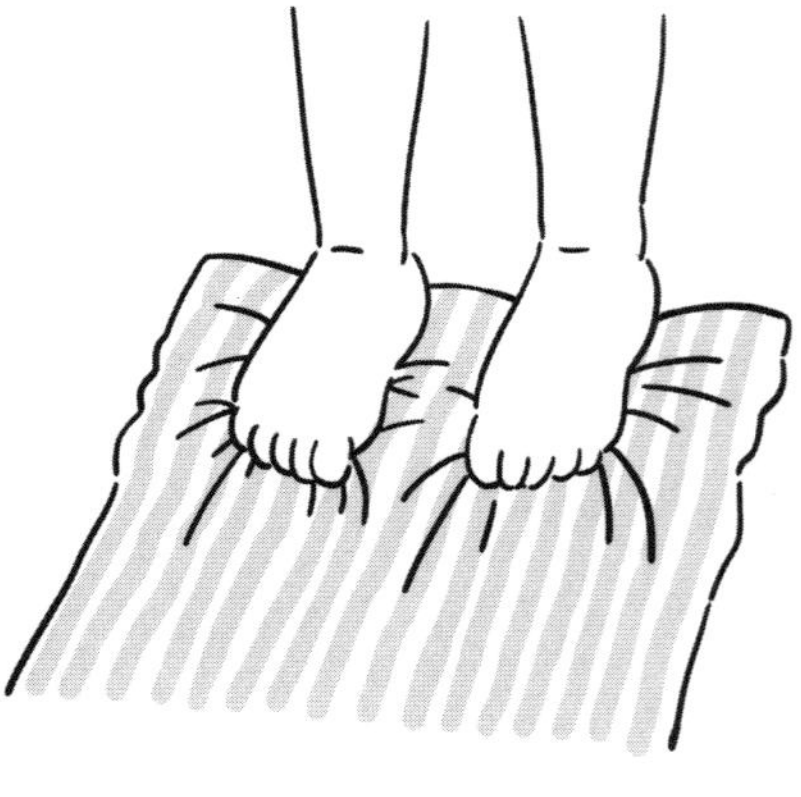

㊼にょろにょろヘビ遊び・モール遊び

★にょろにょろヘビ遊び：縄か紐《ひも》を左右に振ってヘビのように、にょろにょろとさせ、縄を踏まないように飛び越える遊び。

★モール遊び：カラフルで自由自在に曲がるモールは孫にも祖父母にも、想像力を働かせるのにはもってこいの遊びです。

モールを使って丸、三角、四角、星形、ハート形を作ったり、ボタンやビーズを通したり、ストローにモールを通したりなど、遊び方は無限に広がります。

㊽ジェスチャー遊び

★真似《まね》っこ遊び：いきなりジェスチャー遊びに入らないで、最初は「犬の真似をしてみよう」とか、「サッカーをしている真似」とか、「バナナを食べている真似」と言って、真似とはどのようにするのかを示してみると良いでしょう。

★ジェスチャー遊び：年齢を重ねると、より難しいジェスチャー、抽象的な物のジェスチャーにも挑戦できるようになります。最初はわかりやすい象やゴリラなどの動物から始め、次第に野球や水泳、ピアノ演奏、自転車、料理、食事をしている様子、お医者さん、おすし屋さん、美容師さん、太鼓演奏、肩たたきなどに発展させてみましょう。

㊾ちぎり絵・折り紙遊び

★ちぎり絵：折り紙を丸めて色玉を作ったり、破いて紙吹雪を作ったり、ちぎった紙を画用紙や箱などに貼ったりするだけなら、もっと小さくても遊べます。3歳くらいになったら、ちぎって紙に貼り、花を表現するなどの作品を作って楽しめます。

★折り紙：折り紙の折り方を教える時には、向かい合わせではなく、孫の隣に座りましょう。折り紙を半分に折ることから始め、徐々に複雑な物を折っていきます。できた作品は、飾ったり使ったりしましょう。

折り紙の紙飛行機を飛ばす時に構える指は、鉛筆を正しく持つやり方と同じなので、紙飛行機で遊ぶと、自然と運筆の練習になります。

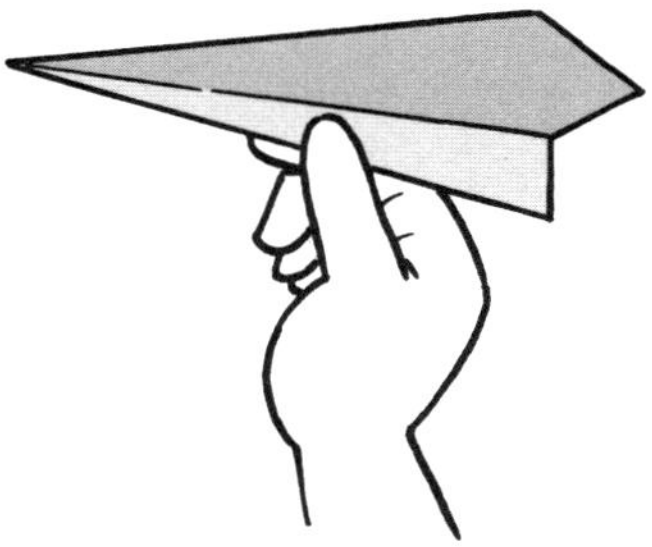

㊿ 水塗り絵と塗り絵遊び

㊾でご紹介した紙飛行機を飛ばす指使いで鉛筆が正しく持てるようになってきたら、水塗り絵や塗り絵が楽しめます。

★水塗り絵：水塗り絵は、絵の中に特別なインクがひそませてあるもので、水をつけた筆でなぞると色がつきます。塗り絵より簡単なので、幼児にピッタリの遊びです。鉛筆と同じ持ち方で絵筆を持ち、水塗り絵に挑戦してみましょう。

★塗り絵：塗り絵は幼児から高齢者まで楽しめ、脳トレにもなります。心身のリフレッシュ、ストレスの解消にもつながるレクリエーションとも言われています。

㊶シール貼り遊び

シール貼りは、奥が深い遊びです。複雑な台紙なら大人でも充分楽しめますから、老化予防も兼ねて、ぜひ孫と一緒に取り組んでください。

カラフルなシールを台紙からはがし、決められた場所に貼る動作は、最初はずれて上手に貼れなくても、練習を重ねると必ずできるようになります。シールの大きさも大きい物から徐々に小さいサイズにして難易度を上げましょう。

ゴミを捨てることも教えましょう。所定の位置に貼るだけでなく、白紙に自由に貼って絵やデザインを作っても楽しめます。

52 型はめパズルからジグソーパズルへ

★型はめパズル遊び：型はめパズルとは、丸や三角、動物、食べ物などの形のピースを大きさや形が合致する「型」の中に合わせていくパズルの一種で、手先の巧緻《こうち》性、図形や空間認知能力、集中力が向上するので、ぜひ孫に与えたい知育玩具の一つです。祖父母はそばに寄り添い、一緒に遊び、できたらしっかりとほめましょう。

★ジグソーパズル：ジグソーパズルは、最初は1ピースのサイズが大きくて、ピースの数が少ない物を選びましょう。3歳から5歳なら10ピースから50ピースくらいがおススメです。ジグソーパズル遊びは孫を急《せ》かさず、一緒に楽しみましょう。

㊾ 紙風船・お手玉・あやとり

★紙風船：紙風船をふくらませる時は、深い呼吸をするので、横隔膜《おうかくまく》や腹筋を鍛えることができます。老化予防に関心のある祖父母の方にもおススメです。空気の入った紙風船を連続してポンポンと上に突いたり、相手に向けて突いて渡したり受けたりすることは、目で物を追う練習になると同時に、楽しい運動でもあります。紙風船をうちわであおいで動かしたり、いろいろ工夫してみましょう。

★お手玉・あやとり：祖父母が孫と一緒に遊べる便利な道具です。遊び方がわからない時は、本やインターネットで調べることができます。

㊹ カルタ取り・トランプ遊び

★カルタ取り：カルタ遊びは絵や形だけが描いてある絵カードを取る単純な遊びから、ことわざを聞いて平仮名の最初の音《おん》が書いてあるカルタを取るようなものまで、難易度に差があります。カルタの札が取れた時に「取れた！」という達成感を味わうことができ、「もっとやってみたい」という学習意欲を育てることもできます。そのほか、集中力、記憶力、物を見分ける力、反射神経、競争力、コミュニケーション力など、さまざまな能力が磨かれます。

★トランプ遊び：最初は数並べや、同じ色や模様を仕分けるなどの遊びを一緒にやりましょう。工夫次第でいろいろな遊びが楽しめます。

㊽ 粘土遊び

㉛でご紹介した、2歳までの単純な粘土遊びだけでなく、この年齢になると、粘土からさまざまな物を作ることができます。次のような遊びがおススメですが、祖父母はこのほかにも手持ちの物で工夫して、楽しい世界を広げてやりましょう。

1．クッキーの型を使い、粘土で型抜きをする。クッキーの型がない場合は、作りたい形を紙に描き、牛乳パックやプラスチック板などで形を作って、ホチキスで止めます。

2．粘土にどんぐりやビー玉、ボタンなどを埋め込み、ペン立てや写真立てなどを作る。紙粘土なら、色を塗ることもできます。

3．粘土を長く伸ばして棒状にして積み上げるなどして、いろいろな形を作る。でき上がったら孫をしっかりほめて、部屋の中に作品を飾っても良いでしょう。

㊺ 積み木・ブロック遊び

★積み木遊び：3歳までの積み木遊びは、積み上げたり崩したりして自由に楽しみました。3歳以降では、積み木で作る物や、テーマをあらかじめ決めてから取り組むのも良いでしょう。たとえば、1．どこまで高く積めるかに挑戦する　2．積み木を家、コンビニ、線路、道路などに見立てて街を作り、持っているおもちゃなどをそこに置くなど。

★ブロック遊び：手先・指先も器用になるので、本格的なブロックを使い始めると良いでしょう。好きな子は夢中になって遊び、5歳くらいになると、立体的な作品を作ったりもします。一方で、それほど興味を示さない子もいます。無理強いはしないようにしましょう。

㉗ 絵本の読み聞かせ

リズムが良く、繰り返しの多い絵本は、3歳以降も喜ぶので、どんどん読んでやりましょう。孫にも一緒に言葉を繰り返すことを促し、楽しみましょう。読むだけでなく、たとえば次のようなこともおススメです。

★物語性のある絵本を読み聞かせ、孫と物語の内容や登場人物などについて語り合う。
孫は感想を言ったり、話を発展させることもあるでしょう。

★絵本の命の絵やイラスト、仕掛けなどにも注意を向けさせる。絵の中の色や塗り方、背景、細部などもじっくり見ることが大切だと伝えましょう。

㊿ 物語を耳だけで楽しむ朗読

絵本や動画付きで物語を見ながら楽しむだけでなく、時にはラジオやCDを活用して朗読を聞かせると良いでしょう。子どもは聞きながら物語の情景を自分なりに思い浮かべ、内容を理解したり、想像力をふくらませます。

すべてラジオやCDなどに任せるのではなく、祖父母の方が読んで聞かせるのも良いでしょう。聞きやすい声を出すことに努め、いろいろ変化をつけながら朗読することで、孫は喜び、祖父母の脳トレ、老化予防にもなります。

㊾手遊び歌

祖父母が知っている手遊び歌を孫と楽しみましょう。

自我が芽生え始める3歳以降には、少し難しい手遊びが楽しめます。たとえば「おべんとうばこのうた」では、お弁当に入れる物を毎回変えてみましょう。「おちゃらかほい」や定番の「茶摘み」の手遊びは、多くの幼児が夢中になります。「5本指の拍手」では、数が一つずつ減っていき、指、手をたたいて出す音も変わっていくので楽しめます。

よく覚えていないようでしたら、テレビやDVD、パソコンなどでいろいろな手遊び歌の動作を観《み》ることをおススメします。

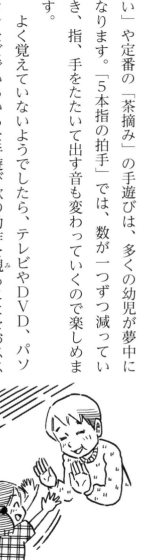

⑥⓪ 好きな歌を一緒に歌う

保育園や幼稚園で歌う歌も増えてくるので、孫は家でもお気に入りの歌を歌って、祖父母を楽しませてくれるでしょう。孫に何の歌が好きかを尋ねて、一緒に歌ってみましょう。祖父母が初めて聞く歌も多いかもしれません。

童謡の「あめふり」に出てくる「蛇《じゃ》の目」や「ふるさと」に出てくる「小鮒《こぶな》」などの言葉は、意味を教えましょう。日本語の学びにもなります。一緒に歌ったり、祖父母と孫が交互に歌ったりと、楽しみ方はたくさんありますが、歌うことを無理強いしないよう気をつけましょう。

テレビやDVDなどで歌を聞いて真似ると、より楽しく歌えます。

歌うことは、孫と祖父母の絆《きずな》を深める素晴らしい方法です。一緒に歌いながら、楽しい時間を共有すると、気分もスッキリします。

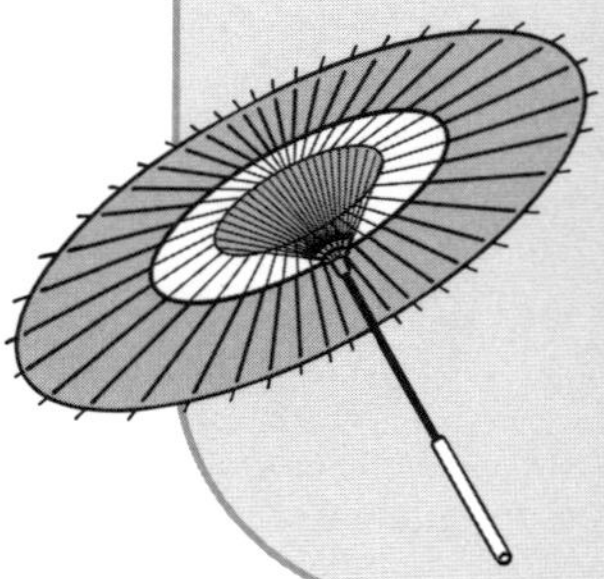

㊶ 英語の歌や物語を一緒に楽しむ

ラジオ、テレビ、ＣＤやＤＶＤなどをかけて、英語の歌や物語を孫と一緒に聞き、発音や動きを真似ると良いことは、㊴でも説明した通りです。

英語でも、リズミカルな歌や手遊び歌なら、小さい孫がすぐに覚えて歌えるようになり、祖父母を驚かせるかもしれません。

英語の手遊び歌の「One《ワン》 potato《ポテト》, Two《トゥー》 potatoes《ポテトズ》, ～」や「Teddy《テディ》 Bear《ベア》」などは縄跳び歌としても使えます。定番の「Head《ヘッド》, Shoulders《ショルダーズ》, Knees《ニーズ》 and《アンド》 Toes《トウズ》」は、日本語だけでなく、英語で楽しく遊べます。

パソコンで検索すると、歌を聞いたり、動作を観たりすることができます。

㊷ 数字さがしゲーム

家の中にある、0~9までの数字を孫と一緒に探してみましょう。壁掛けカレンダー、卓上カレンダー、アナログ時計の数字盤、スーパーマーケットのチラシなどを利用して、数字を探して読むゲームに、孫は夢中になります。チラシの数字は、一文字ずつ読み上げながら、正しい書き順で、人差し指でなぞってみましょう。

⑥③ 10玉そろばんで遊ぶ

玉が10個だけの「10玉そろばん」で遊ぶと、自然と数の概念を身につけることができます。10玉そろばんは、知育玩具として売られていますが、モールか紐《ひも》に、大きいビーズ（なければボタン）を10個通して手作りすることができます。5個ずつ色を変えると遊びやすくなります。次の例を参考に、ゲーム感覚で楽しみましょう。

★1、2、3、と数えながら、1個ずつ玉を人差し指で、右から左に動かす。

★10個の玉を左右に適当に分けて、「どっちが多いかな？」と問題を出し合う。

★10個の玉を左右に適当に分けて、片方を隠し、見えている方を数えて、隠れている方の玉の数を当てる。

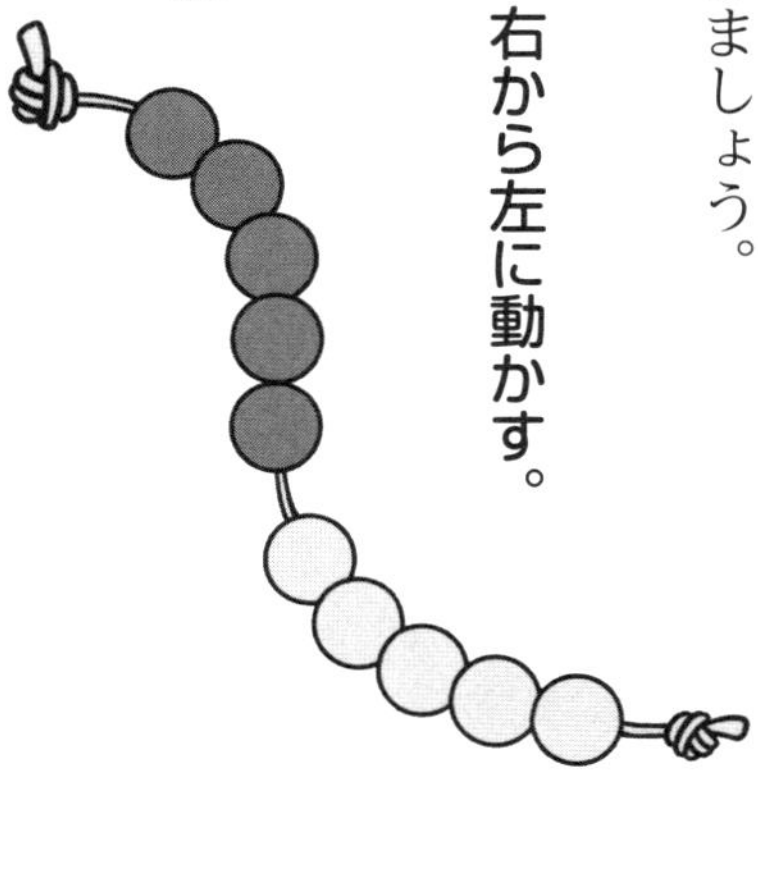

百玉そろばんの威力

㉝では10玉そろばんの作り方と遊び方をご紹介しましたが、孫が大きな数に興味を持ったら「百玉そろばん」を使うと、さらに数の世界が広がります。

「百玉そろばん」は、日本の伝統的な算数教具で、昭和30年代までは日本全国の小学校で使われていました。横に10個の玉、縦に10段の構造を持ち、数の概念をわかりやすく学べるため、今でも幼稚園や小学校で活用されています。

数唱や逆唱、簡単な足し算や引き算、百までの数や九九も学べ、玉を動かす音も楽しめます。指で対応できない大きな数の計算も、「百玉そろばん」を使うと自然に身につけることができます。10玉そろばんと同じように、ゲーム感覚で楽しく遊びましょう。

孫育てカルタ

孫を題材に、カルタを作ってみました。いくつかご紹介します。

下手《へた》な発音《はつおん》
孫《まご》がなおす
英語《えいご》かな

第5章

小学生と一緒に脳トレ

マンガ　小学生と元気に　の巻

ににんが
4
にさんが
6
カルタ遊びがやりたくなっちゃった
やりたーい
じゃあおウチに戻るか

犬も歩けば棒に当たる～
ハイッ
ボクこんなに取ったよ
ジージ1枚も取れてなーい
はは…
今度はジージが読もう

転ばぬ先のツエ～
ハイッ
パ
バーバ はやい！
はやい～
うふふ だって…
スーパーのセールで鍛《きた》えられているからよ
大安売り
お買い得だよー
さすがバーバ！
いつもスマナイなあ…
うふふ…

孫は日々成長していきます。次第にできることが増え、動きも活発になりますが、祖父母はその反対で、以前は簡単にできていたことが少しずつ難しくなってきます。体を動かすことや、新しいことに挑戦するのがつい億劫《おっくう》になりがちですが、孫と一緒ならやる気が出ることでしょう。

第5章では、小学生の孫と一緒に楽しみながら、祖父母の老化予防にもなる活動をご紹介します。室内で行うものを中心に、次の4つの分野に分けています。

1. 体・手先・指先を動かす（64〜68）

2. 言葉（日本語）の発達を促す（69〜72）

3. 言葉（英語）の発達を促す（73）（74）

4. 数を学ぶ ⑺⑸

小学生と言っても、1年生と6年生とでは、当然できることが違います。興味の対象も、個人差が大きくなります。ここでご紹介するものの中から、それぞれのご家庭に合わせて、無理なくできそうなことを実践してみてください。

孫にとって、祖父母と過ごす時間は、忙しい毎日の中で「ほっとできるひととき」です。小学校の6年間は、過ぎてしまえばあっという間なものです。祖父母は、孫と一緒の日々を元気に楽しみましょう。

㊹ラジオ体操

子どもの頃、夏休みに毎朝ラジオ体操をしたという方もいらっしゃるのではないでしょうか。ラジオ体操は、全身を使って伸びやひねりを行い、関節をしっかり動かす運動が含まれています。大人にとっては、肩こりや腰痛の予防・改善にも効果的と言われています。小さな子どもから高齢者まで、気軽にできるのでおススメです。

孫と一緒に体を動かすことで、心身ともにリフレッシュできるでしょう。よくおぼえていない場合は、テレビの体操の時間を録画しておいたり、ラジオを録音したり、パソコンがあれば検索すると動画が観《み》られます。

㊿65 けん玉

けん玉は、集中力と忍耐力を養う遊びで、祖父母も一緒に楽しめます。膝を屈伸する全身運動のため、運動不足の解消にもなり、ストレス解消の効果もあります。

けん玉は、今や子どものオモチャと言うより、スポーツや競技として認知され、さまざまな大会が催されています。本格的にやるには競技用けん玉を買っても良いのですが、家でのんびり楽しむには、どのようなけん玉でも構いません。

遊び方は、大きなお皿にのせるだけの単純なものから、複雑な技までたくさんあります。急がずにひとつずつできるようにしていくと、達成感がありやる気が出ます。孫の方が上達が早い時は、コツを教えてもらいましょう。

⑥⑥ 編み物や刺繍《ししゅう》などの手芸

編み物や刺繍など、手芸が好きな方は、孫がいる時に、手芸をしてみせると良いでしょう。やり方を教えながら、簡単な作品を一緒に完成させられれば、孫も達成感を得られます。材料を買いに行ったり、やり方を書いた雑誌や本を読むのも良いですね。それがきっかけで、孫も手芸が好きになってくれれば、自分から進んで作るようになり、マフラーや小物など、大人顔負けの複雑な作品に挑戦できるようにもなります。

学校で家庭科の授業が始まってからは、玉結びやボタンつけなど、学校で習うことをやってみせると、「バーバ（ジージ）すごい！」とほめてくれるかもしれません。

学校でも習うことですが、手芸で遊んだ後は、道具をきちんと片付けることも伝えましょう。

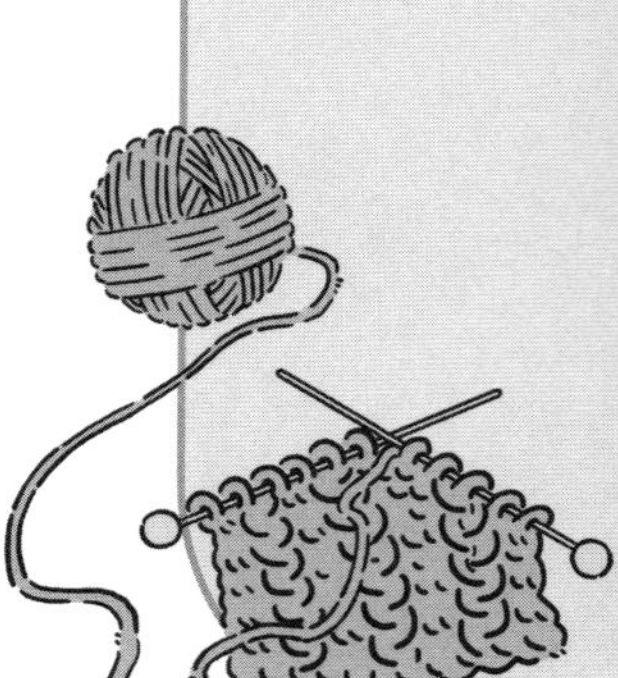

㊲ プラモデル作り・理科の工作

乗り物が好きな子は、プラモデルに興味を持つことがあります。お店には簡単な物から複雑な物まで各種あるので、一緒に買いに行くことから始めると良いでしょう。

プラモデル作りは、細かい作業を根気よく慎重に続ける忍耐力を養います。そして、ひとつの作品を作り上げた時の達成感から、自己肯定感が高まります。急《せ》かさず、楽しく取り組み、完成した作品はしっかりほめて、飾ったり、箱に入れて持ち帰らせてやりましょう。

プラモデル以外でも、学校で理科の教材として配られる工作キットを一緒に作ってみるのも楽しいです。勉強を教えるのではなく、友だちと遊ぶような気持ちで接することを忘れないでください。

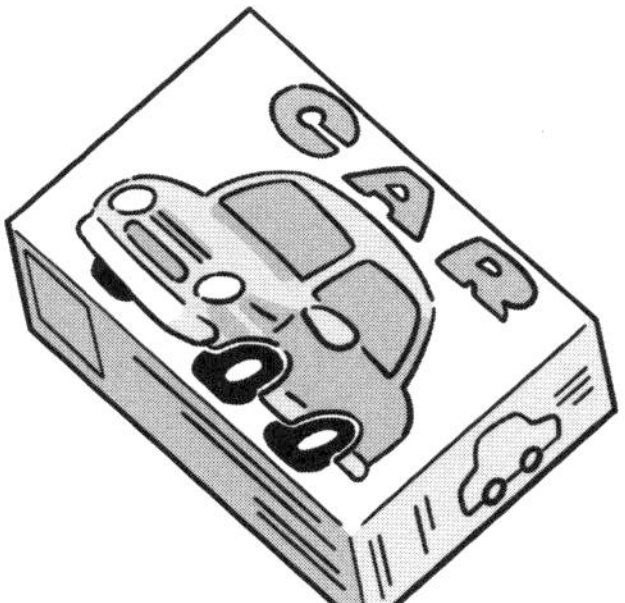

⑱料理やお菓子作り

いつもとは違った手料理や手作りお菓子を食べることは、祖父母の家に行く楽しみのひとつです。ぜひ、孫と一緒に料理やお菓子作りに挑戦してみましょう。

以下のような手順を通して、手先を使い、工夫することで、多くのことが学べます。

1．買い物に行く：スーパーマーケットで食材を選び、レジに持っていくことは、ワクワクする体験です。食材を見て名前をおぼえることも良い学びになります。

2．食材を洗い、切る：食材を洗ったり、皮をむいたり、適当な大きさに切る作業は、手先の訓練になり集中力を養います。怪我《けが》をしないように注意してやらせましょう。

3．料理をする：煮る、焼く、炒《いた》めるなどの作業も、手先を器用にする訓練になります。

4．盛り付ける：形や色を考えて盛り付けることで、創造力を育みます。孫といろいろ工夫して、楽しみながら取り組みましょう。

(69) 他愛ないおしゃべり・チラシを利用する

★おしゃべり：孫が小学生になると、語彙《ごい》が増え、話の内容も豊かになります。祖父母との会話を通じて、孫は言葉を使う楽しさや、話を聞いてもらえるという安心感を得るでしょう。質問攻めにするのではなく、孫の話に大きくうなずきながら耳を傾けると、自然に話が弾みます。

★チラシを利用して語彙を増やす：スーパーマーケットのチラシは、物の名前を覚える良い教材です。孫と一緒にチラシを見ながら、食材や商品の名前を覚えることで語彙力を伸ばすことができます。

⑦⓪ 本の読み聞かせと孫の音読

第1章の⑤でも触れましたが、孫に本の「読み聞かせ」をする時間は、孫と祖父母の心が通い合う大切なひとときです。小学生になると学校で文字を習いますが、祖父母が読み聞かせを続けることで、孫は「耳からの読書」を楽しみ、本好きな子に育つ可能性が高まります。

また、孫に学校の教科書や、お気に入りの本の「音読」をしてもらうのも良い方法です。「大きな声で読んでみて」と声をかけ、読んだ後にはしっかりほめましょう。こうすることで、孫は声を出して読むことが楽しいと感じ、自信を持つようになります。

⑦① しりとり・なぞなぞ・カルタ遊び

★しりとり：語彙が増えると、しりとりが楽しくなります。散歩や家事をしながら、または車の中でなど、どこでも遊べます。飽きることなく続けられる定番の遊びです。

★なぞなぞ：子どもは「なぞなぞ」が大好きです。祖父母が知っている問題を出すのも楽しいのですが、孫から出してもらうのも、祖父母には刺激的で脳トレになります。「なぞなぞ」の本を一緒に楽しむのも良いでしょう。

★カルタ遊び：「あいうえお」や「ことわざ」、「国旗」など、さまざまなカルタがあります。耳や目、脳、手を使うカルタ遊びは、孫との楽しい時間を過ごしながら老化予防にも最適です。カルタを手作りすることもできます。孫と一緒に作ってみても良いですね。

⑫ 新聞を読む・ニュースを観る

言葉の発達には、語彙力や漢字力をつけることが必須です。知っている言葉の数、聞いたことのある言葉の数、書けなくても読める漢字の数を増やすことが目標です。

★新聞を読む：新聞を取らない家が増えたので、孫の世代になると、新聞を見る機会がなかなかありません。孫の前で、新聞を広げてみましょう。一緒に写真を見たり、子ども向けの記事を一緒に読んだり、新聞を使って、おしゃべりしてみてください。おしゃべりの中で新しい言葉や表現を学べます。

★ニュースを観る：テレビや動画のニュースを一緒に観て、時事に興味を持たせることで、幅広い語彙や表現力が身につきます。無理に会話しなくても、一緒に観て、「すごいね」、「おいしそうだね」など感想を言うだけでも充分です。

73 英語の歌や物語を聞く

祖父母世代と今の小学生の大きな違いは、学校での正式な教科として英語が加わったことです。英語の勉強を教えるのはほかの人に任せ、祖父母は、孫と一緒に英語に親しむようにすると良いでしょう。

昔は、ラジオのＦＥＮ放送ぐらいでしか生の英語に触れることができませんでしたが、今はラジオのほかにもテレビ、ＣＤ、ＤＶＤやパソコンなどで、気軽に外国語と接することができます。それらを使って、孫と一緒に英語の歌や物語を聞いてみましょう。楽しいと感じるものだけで良いのです。義務感から無理に教材を聞かせる必要はありません。そして、余裕があれば発音や動きを真似してみましょう。英語と接することは、祖父母の脳にも刺激を与え、老化予防にも効果的です。

⑭ 書店の英語コーナーに行ってみる

孫と一緒に大きな書店にお出かけするのは、楽しくて有意義な体験です。書店に行き慣れていない孫でも、そこから新しい世界が広がる可能性があります。

「今日は英語の本のコーナーに行ってみようか」と促し、店員さんに場所を尋ねてみると良いでしょう。洋書コーナーに足を運ぶと、いろいろな発見があります。たとえば、孫が愛読している絵本が、元は海外で出版された洋書であることを知り、「英語って楽しそう」と感じるかもしれません。カラフルな表紙を見ているだけでも楽しめます。

近くに適当な書店がない場合は、図書館の洋書コーナーがおススメです。孫にとって読書の習慣を身につける良いきっかけになり、英語を身近に感じる経験として、将来にも良い影響を与えるでしょう。

⑦⑤ 数に関する遊び

祖父母の家はくつろぐ場所なので、算数を教え込む必要はありません。ただ、日常生活で楽しく数に触れる機会を作ることは、孫にとって良い経験になります。以下は数に関する遊びの例です。一緒に楽しんで脳トレしましょう。

★アナログ時計で時刻を読み上げる。「〇時まであと何分？」と問題を出し合う。

★アナログ時計の盤面は、円を12等分にしていることから、分数の説明に使いやすいです。2分の1が2つで1、4分の1が4つで1、など。

★九九遊び：一緒に九九を唱えたり、逆に答えから式を言ったりする。

★料理・お菓子作りで単位を学ぶ：200ccの水や100gの小麦粉を計量カップ、はかりなどではかる。

⑦⑥ 宿題の丸つけ・暗唱の聞き役

国語の宿題で、詩や短い文章の暗唱が出ることがあります。大きな声を出して唱えると早く覚えられる、と言われています。祖父母は、暗唱を聞く役をして、覚えるお手伝いをすると良いでしょう。時には、一緒に暗唱するのも脳トレになります。上手にできたらしっかりとほめましょう。

今どきの小学生の宿題は、丸つけ用の解答も一緒に配られていて、問題を解くだけでなく、答え合わせをするところまでが課題とされることが多いようです。丸つけは、祖父母でも手伝うことができます。特に、低学年のうちは、比較的簡単な漢字や九九の暗唱、計算などですから、ゆったりとした気分で取り組み、上手にできたらたくさんほめて、大きな丸をつけてやりましょう。

小学校からの英語教育

英語教育は祖父母の時代と比べ、大きく変化しています。小学校から英語に触れる機会が増え、学年が進むにつれて英語が正式な教科として導入されるようになりました。特に、「読む」「書く」「聞く」「話す」の4技能をバランスよく学ぶことが重視され、英語を使ったコミュニケーション力を養えるように工夫されています。

学校の教科書にはQRコードが付いていて、携帯電話やタブレットを使えば英語の音声を聞くことができます。家庭でも手軽に発音やリスニング力を鍛えられるのです。

英語教育のスタートが早くなったことで、従来は中学校で学んでいた内容が小学校でも扱われるようになりました。英語教育に力を入れている私立の中学校では、入試の科目に英語を導入する学校も増え、外部試験の結果が評価の一部として加えられるケースもあります。

このような傾向は、今後も続くことが予想されます。

孫育てカルタ

孫を題材に、カルタを作ってみました。いくつかご紹介します。

もったいないを
教《おし》えておきたい
孫《まご》たちに

第6章

中学生・高校生と一緒に脳トレ

マンガ　思春期のおつきあい　の巻

え～
ユミちゃんと
3日間も
話してないの？
そうなの
お母さん
パパとも
話さ
ないの？
全然だめ…
ユミも
思春期なのかしら…
もう
どうしたらいいのやら
そりゃ
好きな子でも
できたのだろう

はー〜
小さい頃はジージが一番好きって言ってくれてたのに…
はあああ
わたしも同じこと言われたわ
ピンポーン
あらウワサをしたらユミちゃんよ
ジージバーバ
えっ

ママやパパに
日頃の
感謝の気持ちを
どう伝えたら
いいのかを
悩んでいたの？
コク
じ〜ん
くぅ〜
なんて
優しい子に
育って
くれたの
でしょう
?
うる
うる
すてきな
お孫さん
ですね

早いものです。

「奇跡の孫」の誕生が、ついこの間のことのように感じられるほど、孫の成長は早いものです。

幼少期には「おばあちゃん」、「おじいちゃん」、「バーバ」、「ジージ」となついて甘えてきた孫は、中学生や高校生になると、もう見た目は大人のようです。体が大きくなるだけでなく、最近までそばを離れようとせず、手をつないで散歩した孫が、思春期を迎えると距離を置いたり、よそよそしくなったりもします。

そして反抗期と呼ばれる頃には、親子関係が幼い頃のようにはいかないことが多く、親は戸惑うものです。そのような時こそ、祖父母の存在が役立つのです。

この章では、中学生、高校生の孫と長く温かい関係を続ける方法をご紹介します。無理をしないで、楽しく笑顔で実践しましょう。孫世代とつきあうことは、祖父母にとって一番の老化予防と楽しみ、生き甲斐《がい》なのです。

最近は、第一子を持つ平均年齢が上がっている一方で、平均寿命も延びていきます。中学生、高校生の孫がいる元気な祖父母は珍しくありません。健康でいれば、孫の結婚式に出席したり、さらには曽孫《ひまご》の顔を見ることも夢ではなくなってきました。ぜひ心身ともに良好な状態を持続できるよう、バランスのとれた食事や適度な運動を心がけ、祖父母として長生きを目指しましょう。

㉗ 共通の趣味を一緒に楽しむ

孫と共有できる趣味を見つけ、一緒に楽しむことで、リラックスした環境で新たなコミュニケーションが生まれます。たとえば、第5章の㊅でご紹介した手芸、㊆でご紹介したプラモデル作りは、いかがでしょう。あるいは、同じスポーツチームを応援したり、好きな音楽を聞いたり、映画を一緒に観たりして感想を話し合うのも良いでしょう。ジグソーパズルやクロスワード、ゲームに挑戦するのも楽しく、祖父母にとっては脳トレにもなります。一緒に体を動かしたり、テレビや新聞、インターネットの話題について意見を交換することも、孫との関係を深める良い方法です。

共通の趣味があれば、それに関する本や雑誌を一緒に探したり、共通の趣味の友だちができたり、楽しさは無限に広がっていきます。

⑱ 一緒に出かける

孫と出かけてみることをおススメします。このくらいの歳《とし》になると、大人の会話もでき、幼い頃とは違った孫との関係が楽しめます。余裕があれば、小旅行に行くと、お互い新しい発見もあり、良い思い出を作ることができます。

旅行は無理でも、食事に出かけたり、近所にお散歩に行ったりしても新しい発見があります。ついこの間まで、面倒を見てやっていた孫が、逆に荷物を持ってくれたり、調べものをしてくれたりと、すっかり頼もしくなっていて、感動することでしょう。孫の方は、他人をいたわることや、自分が頼られることに喜びを感じる経験ができます。

孫が通っている学校の学園祭や音楽祭など、一般の人に公開している行事を見に行くのも楽しいものです。ふだんとは違った孫の姿を見て、元気をもらえるはずです。子ども夫婦には、孫が立派に成長していることを確認できて嬉《うれ》しい、と伝えましょう。

⑲ 人生経験を伝える

長い人生の中で、祖父母は成功も失敗も数多く経験されていることでしょう。今だからこそ笑える出来事も、若い頃にはとても笑えなかったことが、一度や二度ではないかもしれません。そのような貴重な経験を、孫に話してやってください。話すことで、思い出が整理され、祖父母自身にも良い影響があります。

孫は、祖父母の話から自分で考え、行動するためのヒントを得るはずです。孫が悩みや困難に直面した時、アドバイスを押し付けるのではなく、さりげなく体験を語ることで、自然に知恵を伝えることができます。

前向きに生きる姿や、老いていく姿をそのまま見せること。それが祖父母にしかできない、大切な役割です。

⑧⓪ プライバシーを尊重する

中高生の孫にとって、個人の時間やプライバシーは非常に大切です。祖父母の家は、孫にとって安心できる「安全地帯」でありたいものです。孫が話したがらない時は、無理に聞き出そうとせず、そのままにしておきましょう。自立心が強まる時期ですから、適度な距離を保ちながら見守ることが、良い関係を保つための重要なポイントです。

親や先生には相談できないことでも、祖父母が心の支えになれることがあります。孫が悩みを打ち明けてきた時は、しっかり耳を傾け、共感する姿勢を示しましょう。そして、意見を押し付けず、そっと見守る姿勢が信頼をより深める鍵となります。また、孫が話した内容の秘密を守ることで、さらに強い信頼関係が築けます。

㉛ 進路や夢を応援する

孫が自分の夢に向かって進めるよう、温かく見守りながら応援しましょう。進路の話題が出て、アドバイスを求められた時には、自由に話せる雰囲気を作ることが大切です。資料を集めたり、可能であれば、サポートをします。ただし、孫の親を差し置いて、前のめりにならないよう、慎重に関わりましょう。

進路や将来の夢に対して、過度な期待をしないよう注意しましょう。万が一、孫と親との間にそのような雰囲気があったとしたら、なおさら祖父母は距離を置いて、遠くから孫の応援団になるほうが賢明です。

祖父母の家に行けば、いつもと変わらない雰囲気で、いつものおいしい料理を食べてリラックスできる、そのような存在でありたいものです。

⑧②親とは違う存在であり続ける

いよいよ「バーバ&ジージ」82番目の秘密です。

特別なことではありません。「バーバ」は「バーバ」、「ジージ」は「ジージ」、そのものであり続けることです。親子関係とは違う、祖父母孫関係です。

孫が何か成果をあげた時、祖父母は無条件に喜び、大袈裟《おおげさ》でも構わないので、しっかりとほめましょう。親は、どうしても怒ることが多くなってしまいます。だからこそ、祖父母はほめるという得な役どころを続けましょう。努力を認めることは、孫の自己肯定感を高め、次のステップに進む力になります。将来、ふとした時に、バーバやジージとの思い出がよみがえってきて、心が温かくなるでしょう。

孫を無条件で可愛《かわい》がり、明るく楽しく過ごすことが、老化予防の一番の秘密です。

孫育てカルタ

孫を題材に、カルタを作ってみました。いくつかご紹介します。

忘《わす》れない
孫《まご》から言《い》われた
「また来《き》てね」

バーバ＆ジージとの思い出

ちょっと大人になった孫世代が語る、祖父母との思い出です。

K・Aさん
（26歳　医師）

医師を目指すきっかけは、祖父母から聞いていた、曽祖父の話でした。私の両親は、ガチガチの文系なのですが、その上の世代には医師がいたそうで、その話は、小さい時に祖母がしてくれました。なんか、かっこいいなあ、と私もあこがれるようになりました。そのような昔の話を聞いたり、一緒にケーキを作ったり、たくさんの思い出があります。感謝でいっぱいです。

T・Kさん
（28歳　会社員）

私は、すぐ下に妹がいるので、小さい頃から仕事で忙しい両親に代わって祖父母がよく面倒をみてくれました。カラオケが好きな祖父と、歌を歌うのが楽しかったです。

私が成人した今でも、人生経験豊かな祖父母に相談して、教えてもらうことがあります。いつまでもお元気で、一緒におしゃべりやお出かけができるといいな、と思います。

メモや記録など自由にお使いください。

おわりに

池田紅玉

この本は、私が近くに住む初孫と日々の時間を共有しながら、空いた時間を使って書き進めました。子育ての時は猛烈サラリーマンだった夫も、今では孫育てに積極的で、子育てでは味わえなかった喜びを、私と一緒に遅ればせながら楽しんでいます。孫と遊ぶのは体力勝負ですが、「ごっこ遊び」やお散歩、会話につきあうのも、気持ちに余裕を持って臨める気がします。忙しい子育て時代では難しかった「待つ」「見守る」「寄り添う」という関わり方が、孫育てでは自然とできている気がします。

孫がいろいろなことに果敢に挑戦し、成長していく姿は可愛らしく、愛《いと》おしく感じるものです。今後もその成長を見届けられるように、健康に留意し、新しいことに前向きに挑戦する気持ちを持ち続けたいと思っています。

どうぞ、読者の皆さまも、お孫さんと過ごす日々を思い切り楽しみ、老化予防に取り組んでください。今後も一緒に頑張りましょう！
最後に、本書の完成まで絶えずサポートし貴重なアドバイスをくださった集英社の宇田川晶子編集長、そして思わず笑顔にしてくれる、温かみのある漫画とイラストを描いてくださった漫画家の太田由紀さんに、心からの感謝をお伝えします。ありがとうございました。

2025年3月

マンガ　孫育て講演会 お開き の巻

先生も お孫さんがいらっしゃるのにお若く見えるのは「82の秘密」 実践の成果なのですね
あら まぁ 恐縮してしまいますわ
ホント！
ホント！
さぁ 次はみなさんの番ですね
「奇跡の孫」と遊んで若返り
いつまでも前向きに人生を楽しみましょう

著者紹介

池田紅玉（いけだ・こうぎょく）

本名：池田和子（いけだ・かずこ）

０歳～100歳まで英語の生涯学習を支援する「紅玉式」代表。カリフォルニア州立大学大学院修了。大学の教壇を離れた後、現在は著述業、講演活動、「こうぎょくカップ」を主宰。専門は英語音声学、英語朗読法、幼児教育、バイリンガル子育て。「紅玉式　英語そろばん」開発者。著書に『満点ゲットシリーズちびまる子ちゃんの小学生英語』（集英社）、『すばらしい英語朗読・音読の世界』（教育出版）など。

太田由紀（ただ・ゆき）

1990年、『ダ・カーポ』（マガジンハウス）でイラストデビュー。以後、イラストレーター、漫画家、エッセイストとして新聞、雑誌、書籍で活動。著書に『しぶとらのアテ1～3』（集英社）。

「紅玉式ホームページ」ご案内

紅玉式（Kogyoku Method）は、0歳から100歳までを対象に「英語教育」、「幼児教育」、「生涯学習」、「老化予防」を軸に開発した独自の学びの体系です。音声や動画もホームページ内でご視聴いただけます。

https://ikedakogyoku.com/

孫《まご》と遊《あそ》んで若返《わかがえ》る！
老化予防《ろうかよぼう》82の秘密《ひみつ》

2025年4月30日　第1刷発行

著　者　池田紅玉《いけだこうぎょく》・太田由紀《ただゆき》

発行者　樋口尚也
発行所　株式会社　集英社
〒101-8050　東京都千代田区一ツ橋 2-5-10
電話　編集部　03-3230-6141
読者係　03-3230-6080
販売部　03-3230-6393（書店専用）

印刷所　TOPPAN クロレ株式会社
製本所　株式会社ブックアート

漫画・イラスト協力　黒木泰貴
ブックデザイン　玉井いずみ

ISBN978-4-08-781764-5　C0095